ACAJOU,

OPERA COMIQUE.

PIECES DU MESME AUTEUR,
Qui se trouvent chez le même Libraire.

MOULINET, Parodie de Mahomet second.

LA CHERCHEUSE d'Esprit.

LE PRIX DE CYTHERE.

HIPPOLITE ET ARICIE, Parodie.

LE COCQ DE VILLAGE.

LA SERVANTE JUSTIFIE'E.

LES BATELIERS DE S. CLOUD.

ACAIOU.

ACAJOU;

OPERA COMIQUE,

Par Monſieur FAVART.

Repréſenté pour la premiere fois ſur le Théatre
du Fauxbourg Saint Germain,
le 18. Mars 1744.

Le prix eſt de vingt-quatre ſols.

A PARIS;

Chez PRAULT, fils, Libraire, Quay de Conty, vis-à-
vis la deſcente du Pont-Neuf, à la Charité.

M. DCC. XLIV.
Avec Approbation & Privilége du Roy.

ACTEURS.

HARPAGINE, Fée.

NINETTE, Fée.

ZIRPHILE, Princesse.

PODAGRAMBO, Génie.

ACAJOU, Prince.

M. MORTIFER, Médecin.

M. METROMANE, Géometre.

M. STENTOR, Avocat.

M. GLAPISSANT, Huissier Audiencier.

M. FAUSSET, Procureur.

Troupe de Nains de la Cour de Ninette.

Le Théatre représente le Palais d'Harpagine.

ACAJOU,
OPERA COMIQUE.

SCENE PREMIERE.

PODAGRAMBO, HARPAGINE.

PODAGRAMBO.

AIR. *N'aurai-je jamais un Amant.*

Harmante Sorciere aux yeux doux,
Je brûle d'être votre époux,
   Quand pourrons-nous,
   Malgré les jaloux
Terminer l'alliance.

HARPAGINE.

J'attends ce moment comme vous,
Avec impatience.

PODAGRAMBO.

Vous m'aimez donc Madame Harpagine ?

HARPAGINE.

Point du tout Seigneur Podagrambo, les Grands

ne se marient que pour unir leur puissance.

PODAGRAMBO.

Vous avez raison, je ne vous aime pas non plus
moi, cela n'y fait rien, je vous épouserai.

HARPAGINE.

A I R. *Vous voulez me faire chanter.*

Pour moi je suis prête à former
Ce lien désirable ;
Car je viens de me faire aimer
D'un jeune homme adorable.

PODAGRAMBO.

Fort bien, c'est par nécessité
Qu'Harpagine m'épouse,
C'est trop d'honneur en vérité.

HARPAGINE.

Oh ! point d'humeur jalouse.

Avez-vous oublié que les Fées nos ennemies ont
prononcé, que nous ne pourrions nous unir à moins
que nous ne nous fissions aimer de quelqu'un.

A I R. *Il faut suivre la mode.*

A votre mérite, à vos traits,
Si mon cœur est inaccessible,
Si malgré mes picquants attraits,
Je n'ai pû vous rendre sensible,
Dois-je donc rester sans emploi ?
Non, le célibat m'incommode,
Un autre m'aime, épousez-moi,
Il faut suivre la mode.

PODAGRAMBO.

A I R. *Et mon petit cœur de quinze ans.*

J'entre dans vos desseins prudens,
Et vous m'aurez dans peu de tems ;
Car enfin j'ai tout lieu de croire,
Que j'aurai bientôt la victoire,
Sur un petit cœur de quinze ans.

HARPAGINE.
Tout de bon !

PODAGRAMBO.
Apparemment, j'ai honoré Zirphile de mon choix.

HARPAGINE.
A merveille : je fuis perfuadée qu'elle aura du goût pour vous, elle eft d'une bêtife fi grande !

PODAGRAMBO.
Paffons les complimens.

HARPAGINE.
Mais vous aurez peine à tromper la vigilance de la Fée Ninette, fa protectrice.

PODAGRAMBO.
Prr.... une petite folle de trois pieds & demi, qui ne raifonne que quand elle met des lunettes, prétend-t'elle contre-carer un Génie de ma forte ? car je fuis un grand Génie moi, je vais me montrer à fa Cour : dès que Zirphile me verra fous les habits d'un petit-Maître, crac fon cœur eft à moi, je vous fouhaite un pareil fuccès.

HARPAGINE.
Le mien eft fûr depuis que j'ai enlevé Acajou au berceau, dix-fept ans fe font écoulés fans qu'il ait vu d'autres femmes que moi.

AIR. *Le mafque tombe.*

L'amour éclos avec l'adolefcence,
Cher Acajou tes défirs vont germer,
Mes foins, mon fexe & le befoin d'aimer,
Ont fur ton cœur étendu ma puiffance.

PODAGRAMBO.
Mais ne craignez-vous pas, que votre Acajou ne

se forme l'idée de quelque objet femelle, dont la comparaison.....

HARPAGINE.

Quand même il en verroit à présent de plus aimable que moi, je serois toujours préférée, l'éducation ridicule que je lui donne, ne peut que lui inspirer un faux goût qui me rassure.

PODAGRAMBO.

Comment vous y prenez-vous.

HARPAGINE.

Un Avocat lui montre à chanter, un Médecin à faire des armes, un Abbé à jouer de la vielle, à minauder & à découper, un Géometre à faire des vers.

PODAGRAMBO.

A faire des vers ?.

HARPAGINE.

Oüi, c'est un ridicule de plus. Enfin il est au point de préférer l'enluminure & le vernis de Martin, au coloris de Rubens ; & les Comédies modernes, à celles de Moliere.

PADAGRAMBO.

Diable! Mais, mais, vous n'y pensez pas, il y a là de quoi faire un jeune homme accompli.

HARPAGINE.

Aussi l'est-il, le voilà, jugez-en.

SCENE II.

ACAJOU, HARPAGINE, PODAGRAMBO.

HARPAGINE.

AIR *Confiteor.*

QUel objet offre plus d'atraits ;
A bien choifir je fuis habile,

PODAGRAMBO.

Il a la grace, il a les traits
De la jeune & tendre Zirphile ;
Mais Zirphile eft dans fa façon,
Plus parfaite que ce garçon.

ACAJOU.

Queft-ce que c'eft que Zirphile ?

HARPAGINE.

Rien, rien, (*bas au génie.*) à quoi bon parler de
Zirphile.

PODAGRAMBO.

Comment rien, rien, Diable ! mon choix vaut
bien le vôtre : Zirphile eft la plus jolie Princeffe de
l'univers.

HARPAGINE *bas au Génie.*

Quelle imprudence !

PODAGRAMBO.

Il eft aifé de vous en éclaircir, fes jardins font
voifins des vôtres.

HARPAGINE.

Le butord.

ACAJOU.

AIR. *Silvie j'ai vu vos beaux yeux.*

Zirphile (*bis*)
Je voudrois la voir
Dans cet azile,
Comblez mon espoir,
Je passe
Des momens fâcheux,
L'ennui s'éface
Lorsque l'on est deux.

PODAGRAMBO.

Oui dà !

HARPAGINE.

Et ne suis-je pas avec vous ? Cette Zirphile dont il parle, est laide en comparaison de moi.

ACAJOU.

Oh ! tant mieux, vous êtes si belle, si belle, que je suis sûr que la laideur de Zirphile me plaira.

PODAGRAMBO.

Ah ! ah, ah, elle est adorée, ah, ah, ah.

HARPAGINE.

Ah ! ah, ah, riez, vous êtes le plus sot Génie.

PODAGRAMBO.

Là, là, tout doux, point d'invectives ma future moitié, il semble que nous ayons déja fix mois de mariage.

HARPAGINE.

Si vous continuez vos balourdises, nous ayons tout l'air de rester comme nous sommes.

PODAGRAMBO.

Parbleu ce fera plus votre faute que la mienne, & je crois que Zirphile....

HARPAGINE.

Encore ! fuivez – moi, Seigneur Podagrambo. (*à Acajou*) Mon fils , j'apperçois M. Mortifer votre Maître d'Armes , cultivez vos talens , c'eft le moyen de plaire.

ACAJOU.

Obéiffons donc à la Fée pour plaire à Zirphile, fi je puis la voir.

SCENE III.

ACAJOU , MORTIFER, *en robe de Docteur en Médecine.*

MOnfieur *Recipe* un fleuret, foyez attentif, vous pouvez vous vanter d'avoir pour Maître d'Armes le célébre Mortifer, Docteur en Médecine, *Medicus fum & Doctor* , je veux morbleu qu'avant fix mois , vous foyez en état de diffequer un homme à la pointe de l'épée.

ACAJOU.

Mais , Monfieur le Docteur , il me femble que la profeffion de Maître en fait d'Armes ne fimpa- tife guére avec la Médecine.

MORTIFER.

C'eft ce qui vous trompe , Monfeu.

J'écoutois de là son caquet. Air du Cocq de Village.

Maître d'Armes & Médecin,
Ont entre-eux peu de différence,
Tous deux possedent la science
De détruire le genre humain.

L'un tue son homme tout aussi bien que l'autre,
avec la tierce & la quarte, comptez là-dessus.

ACAJOU.

Je m'étois figuré que la Médecine étoit l'art de
guérir.

MORTIFER.

Vous avez raison.

ACAJOU.

Air. *A sa Voisine.*
Un tel principe vous dément ;

MORTIFER.

Nous sçavons radicalement
Guérir la maladie,
Et le malade simplement
En perd la vie.

ACAJOU.

Rien n'est tel que de tuer le malade, pour le
guérir de tous ses maux.

MORTIFER.

Sans, doute, *sublata causa tollitur effectus.* Mais il
est tems de prendre votre leçon, apprenez que toute la science des armes consiste dans le Sistole &
Diastole du poignet ; voilà le préservatif de la tierce, voilà le préservatif de la quarte ; c'est par la
Circulation du fer que l'on repousse toutes les atta-
ques. Allons, mettez-vous en garde. Bon, le salut.

Faites-moi une Pulſation à l'épée de tierce, *Deterge*, & tirez-moi de quarte. Aye, aye, aye, comme vous y allez, arrêtez donc, s'il vous plaît.

ACAJOU.

Aɪʀ. *O reguingué, ô lon lan la.*
Ne pouvez-vous donc me parer,

MORTIFER.

Non je ne ſçai que démontrer,
Ce n'eſt pas à moi d'opérer,
Ma main en ſeroit avilie,
C'eſt le fait de la Chirurgie.

Quand il s'agit... ah ! de tirer du ſang, j'ai un Frater excellent Anatomiſte, qui me ſert de ſecond, & de Prévôt.

ACAJOU, *jettant les gands & le fleuret.*

Allez, M. Mortifer, ne vous mêlez que de tuer vos malades.

MORTIFER.

Corbleu, ne tombez jamais ſous mon ordonnance, je vous ferois voir ce que c'eſt qu'un Maître d'Armes enté ſur un Médecin.

SCENE IV.

METROMANE, ACAJOU.

METROMANE.

Un, deux, trois, quatre, cinq, ſix.

ACAJOU.

Ah ! voilà Monſieur Metromane, le Géometre, autre original.

MÉTROMANE.

Qu'avez-vous donc, Seigneur, quelle fombre triſteſſe...

ACAJOU.

Monſieur, vous me donnerez leçon une autre fois, je n'ai pas l'eſprit libre ; de plus, je ne vois pas qu'il ſoit néceſſaire qu'un jeune homme de ma ſorte ſçache faire des vers.

MÉTROMANE.

Un Seigneur tel que vous doit n'ignorer de rien.

ACAJOU.

Ah ! quel homme ennuyeux !

MÉTROMANE.

Prince, écoutez-moi bien,
Je vous l'ai déja dit : l'auguſte Poëſie
Eſt aſſervie aux loix de la Géométrie ;
Tout Verſificateur doit ſçavoir à propos,
Toiſer une penſée & combiner des mots.
Que toujours le bon ſens, eſclave de la rime,
En forme de problême expoſe une maxime.
Les vers de Tragedie au milieu partagés,
Portant ſix pieds de long, de niveau ſont rangés ;
Et tout Poëte exact ſur les mêmes modéles,
Reſſere ſon génie entre deux paralleles ;
Je vous ai démontré l'art de conſtruire un vers ;
Apprenez maintenant ſes uſages divers.
Seigneur.

ACAJOU.

AIR. *Ah ! vraiment je m'y connois bien.*

Seigneur votre art m'eſt inutile.

MÉTROMANE.

Commençons par la plus facile,
Une leçon vous apprendra
A fabriquer un Opera.

Pour devenir Auteur lirique,
Il faut fur un plan fimetrique
Par un calcul Géometrique
Echafauder foixante mots,
Vuides de fens, forts de Mufique;
Tels font les Opera nouveaux.

ACAJOU.

Eh ! Monfieur, je n'ai point envie de faire d'Opera.

METROMANE.

Du moins de déclamer, apprenez la methode,
C'eft un talent Seigneur qui devient à la mode,
Dans cet art méchanique on aime à s'éxercer;
Ecoutez mes lecons, je vais vous y dreffer.

ACAJOU.

Le plus court eft de le laiffer dire, continuez donc
puifqu'il faut en paffer par là.

METROMANE.

Pour faire des Héros une illuftre peinture,
N'allez pas fotement imiter la nature :
A voir avec quel art on nous rend leurs tranfports,
Sans doute ces Héros n'étoient que des refforts.
Sachez qu'un Prince Grec, ou qu'un Bourgeois de Rome,
Parloit au tems jadis autrement qu'un autre homme.
Ces Pirrhus, ces Brutus en perruque, en chapeau,
En corcets de baleine, & couverts d'oripeau :
Malgré le fens commun guidés par la mefure,
D'un fon harmonieux, cadançoient la cefure.
Le moindre confident fur pareil ton monté,
Avoit comme fon Maître un langage noté,
Tous parloient en chantant, & leur voix compaffée
Ne s'ajuftoit qu'au gefte, & non à la penfée;
Chaque Acteur pour les peindre, & s'exprimer comme
eux,
Dit des vers ampoulés qui tombent deux à deux.
Examinez mon jeu, c'eft ainfi que j'avance,

Je prens une attitude & fort bas je commence,
Ma voix en même tems s'éleve par éclats,
Je balance le corps, & j'agite les bras.
Tantôt avec ardeur, je dis à ma maîtreſſe :
Pourquoi me fuyez-vous adorable Princeſſe !
Aux tourmens que j'endure ayez quelques égards ;
Cruelle je mourrai privé de vos regards !

Hélas ! de cet hélas, diſtinguez l'intervale,
Tantot de mes deux bras décrivant un ovale ;
Du ton ſacré des Rois, j'en impoſe aux humains.
Alors embarraſſé de mes pieds, de mes mains,
Des yeux, & de la voix, à peine ai-je l'uſage,
Je fremis ; je pâlis ſans changer de viſage,
Sur mon flanc agité je porte un bras tremblant,
Et je m'évanouis ſur mon cher Confident.

Actrices qui briguez les honneurs de la Scene ;
Que dès le premier vers la fureur vous entraîne,
Etendez votre bras pour mieux le faire voir :
Grimacez avec art, étalez le mouchoir,
Criez à tout propos, criez à perdre haleine :
Que l'on croye en un mot voir hurler Melpomene.
Par ce goût général que chacun ſoit conduit,
On ne doit déclamer que pour faire du bruit ;
Taratantalera ; mais quel démon m'inſpire ?
Quels goufres ſont ouverts ? Tatatantalerire.

Ah ! Princeſſe ! Ah ! Seigneur je deviens furieux ;
C'eſt ainſi qu'en partant je vous fais mes adieux.

S C E N E V.

HARPAGINE, L'AVOCAT, LE PROCUREUR, L'HUISSIER, ACAJOU.

A C A J O U.

A La fin m'en voilà débarraſſé, cherchons maintenant.

HARPAGINE.

HARPAGINE.

Arrêtez mon poulet, voilà M. Stentor l'Avocat, qui vient vous donner votre leçon de musique.

ACAJOU.

Oh! Madame, j'ai un si grand mal de tête.

STENTOR.

Nous ne ferons que mettre à execution devant vous, un morceau de musique que j'ai dressé en faveur de Madame, & je produis à cet effet Monsieur Glapissant, Huissier Audiencier, & Maître Fausset Procureur, qui ont l'honneur de comparoît devant vous. Allons, Messieurs.

TRIO.

Chantons, Chantons, que nôtre voix éclate ;
Chantons l'amante d'Acajou.

L'HUISSIER.

L'Amour ce petit fou,
Dans ses yeux fait joujou,
Comme un furet dans son trou.

TRIO.

Chantons, &c.

LE PROCUREUR.

Elle est plus tendre qu'une chate,
Qui soupire après son matou.

Miaou.

TRIO.

Chantons, Chantons, que notre voix éclate ;
Chantons l'amante d'Acajou.

HARPAGINE.

Fort bien, Messieurs.

L'AVOCAT, à *Acajou.*

Quel jugement rendez-vous sur cette Piéce.

B

ACAJOU. (*bas à l'Avocat.*)

Monſieur, connoiſſez-vous une jolie Princeſſe, appellée Zirphile?

L'AVOCAT.

Non Monſieur.

ACAJOU.

Hé bien; vous m'ennuyez, laiſſez-moï.

HARPAGINE. (*aux Muſiciens.*)

Retirez-vous.

SCENE VI.

HARPAGINE, ACAJOU.

HARPAGINE.

AIR. *Je ſuis un bon Soldat titata.*

M On petit Acajou,
　Mon bijou
D'où provient ta triſtéſſe;
Ne puis-je pas remplir
　Ton loiſir
Par ma vive tendreſſe.

AIR. *Quand le péril.*

Eſt-il choſe ſi difficile,
Dont mon pouvoir ne vienne à bout.

ACAJOU.

Hélas! Puiſque vous pouvez tout,
Faites-moi voir Zirphile.

HARPAGINE.

Toujours Zirphile? Hois! Vous la verrez ſi vous

m'aimez bien ; la Fée Ninette la garde à vue, & le Destin ne vous permet pas de sortir de l'enceinte de ce Palais, que vous n'ayiez ressenti de l'amour.

A I R. *Oh! Ricandaine.*

Pour être libre, mon mignon,
Oh ! Ricandaine Ricandon,
Dépechez-vous donc de m'aimer ;
C'est moi qui dois vous enflamer.

Ricandaine.

Vous ne vous repentirez pas
De soupirer pour mes appas ;
 Car
Je vous amuserai,
Oricandaine ;
Et je vous suffirai,
Oricandé.

Sans adieu mon ami, je vais faire un petit tour du monde, pour voir ce qui s'y passe ; je ne serai qu'un instant.

SCENE VII.

ACAJOU.

A I R. *Je ne sçai ce qu'il me veut dire.*

SUr moi le doux nom de Zirphile
A produits des effets puissans :
Rêvons dans un lieu plus tranquille
Au trouble imprévû que je sens,
Je ne sçai ce qu'il me veut dire,
Et malgré moi mon cœur soupire.

ACTE II.

Le Théatre change, & représente les jardins de Ninette.

SCENE PREMIERE.

NINETTE, ZIRPHILE.

NINETTE.

AIR. *Songez à vous défendre.*

Songez, Songez à vous ma fille,
Tout Amant n'eſt qu'un engeoleur ;
Dès qu'une fois on perd ſon cœur,
Tout s'enſuit de fil en éguille.
Songez, Songez, à vous ma fille,
Tout Amant n'eſt qu'un engeoleur,
Tout Amant n'eſt qu'un engeoleur.

ZIRPHILE

Des Amans, un cœur, je ne ſçai pas ce que vous voulez dire, ma bonne Ninette.

NINETTE.

Quelle innocente ! eſt-il poſſible que vous ſoyez toujours ſi ſtupide au milieu d'une Cour comme la mienne qui eſt le centre de la politeſſe, des belles façons, du goût, de l'eſprit, & des plaiſirs ? Nous ne ferons donc rien de vous, tous les ſoins que je prends pour vous inſtruire ſont donc inutiles.

ZIRPHILE

Dame, apparamment que vous ne vous y prenez pas bien, tous les Meſſieurs de votre Cour diſent qu'ils m'inſtruiront mieux que vous, & vous ne voulez pas auſſi ; vous me ſuivez par-tout , & vous avez peur que je ne m'écarte un moment de ces lieux.

NINETTE.

AIR. *Ah ! Le charmant Berger que j'aime.*

Il faut que je vous accompagne
Sur tous vos pas , je veux voir clair ;
L'honneur comme un vin de champagne,
Zeſt , s'échape dès qu'il prend l'air.

ZIRPHILE.

L'honneur , qu'eſt-ce que c'eſt ? vous me parlez toujoûrs de ce que je n'entends pas.

NINETTE.

L'honneur , eſt ce qu'on a de plus cher : par exemple , qu'eſt-ce que vous aimez mieux dans le monde ?

ZIRPHILE.

Eh... mais , c'eſt le petit ſerin que vous m'avez donné, quoiqu'il ſoit un peu farouche.

NINETTE.

Eh bien, imaginez vous que tous les Meſſieurs ne vous font politeſſe que pour voler votre petit ſerin.

ZIRPHILE.

Oui da ! Oh , ils n'ont qu'à s'y jouer , je ſuis bien aiſe de ſçavoir cela.

NINETTE.

AIR. *Depuis long-tems charmante Brune.*

L'honneur eſt un Oiſeau ſauvage ,
Qui ſe déplaît dans ſon ſéjour ,
Dès qu'il trouve un jour à ſa cage ,
Hélas on le perd ſans retour :
Car dans les griffes de l'amour ,
Il tombe en ſortant d'eſclavage :
Ce fripon au guet nuit & jour.

L'étrangle , & s'enfuit à son tour.

ZIRPHILE.

Quoi ! l'on étrangleroit mon serin ; oh ! je vous assure que j'y prendrai bien garde.

NINETTE.

C'est à vous même qu'il faut prendre garde ma fille.

ZIRPHILE.

Pourquoi donc ?

NINETTE.

C'est que l'on ne cherche que l'occasion de vous faire quelque malice , à cause de votre simplicité ; défiez-vous de tout le monde.

AIR. *Non je ne ferai pas.*

Craignez des Officiers le séduisant langage,
Craignez les gens de robe encor bien davantage,
Ce sont en tapinois , malgré leur air benin ,
Vrais Renards affamés de l'honneur feminin.

Fuyez sur-tout les jolis Abbés de Cour.

AIR. *On voit dès le deuxième.*

Avec beaucoup d'adresse ,
Le Galant à rabat ,
Cache sous sa tendresse
Sa volonté traîtresse.
Auprès de sa maîtresse ,
Figurez-vous un chat.
Un chat avec finesse ,
Tout doucement caresse ,
Mais sitôt qu'on le flate ,
Il saisit cet instant ,
Et sa griffe aussi-tôt s'étend ,
Paf, c'est le coup de pate.

Vous ne m'écoutez pas ?

ZIRPHILE.

Pardonnez-moi ma bonne.

NINETTE.

Qu'ai-je dit?

ZIRPHILE.

Mon ferin, des fripons, un Abbé qui fait le chat,
Et puis… Oh, dame je ne sçai plus.

NINETTE.

Je vois bien que je perds mon tems, ma chere
Zirphile, pour vous garentir de tout accident? il
vous suffira de garder foigneufement l'anneau conf-
tellé que vous avez au doigt.

AIR. *La jeune Abbeffe de ce lieu.*

Par l'effet de ce Talifman,
Dont la puiffance eft infinie,
Une fille peut aifément
Commander au plus grand Genie.
Cet anneau la rend égale aux Rois,
Tout l'Univers eft fous fes Loix.

AIR. *Baife-moi donc, me difoit Blaife.*

Pour conferver votre avantage,
Gardez toujours un fi précieux gage,
Me le promettez-vous?

ZIRPHILE.

Oh! oui!

Mais fi quelque fripon me l'ôte,
Dame il faudra s'en prendre à lui:
Car ce ne fera pas ma faute.

NINETTE.

On ne pourra point vous l'ôter fans votre confen-
tement; mais vous êtes menacée de le donner vous-
même à quelqu'un que vous aimerez: fi cela arri-
voit, la méchante Fée Harpagine s'empareroit de
vous, & nous ne pourrions peut-être plus vous unir
au joli Prince que nous vous deftinons.

B iiij

ZIRPHILE.

Oh! N'ayez aucune crainte.

NINETTE.

J'apperçois Podagrambo; c'eſt un ſot Génie, qui a le privilege d'être ennuyeux, nous ne pouvons l'éviter.

***

SCENE II.

PODAGRAMBO, *en habit de petit Maître.*

ZIRPHILE, NINETTE.

PODAGRAMBO, *à Ninette.*

BOnjour la petite Fée. (*à Zirphile,*) Serviteur ma belle Reine.

A i R. *N'avez vous pas vû l'horloge.*

Commençons par ſon Eloge,
J'ai mon compliment tout prêt :
Belle en vos yeux l'amour loge,
Et ſa fléche eſt en arrêt.
N'avez-vous pas vû l'horloge,
Sçavez-vous, qu'elle heure l'heure il eſt.

Je ne m'en ſuis pas mal tiré. (*à Ninette,*) croiriez vous bien, Madame, que je me ſuis pris degoût pour elle, c'eſt en honneur.

NINETTE.

C'eſt un hommage bien flateur pour Zirphile! Le Fat !

PODAGRAMBO, *à Zirphile.*

Oui, mon adorable.

NINETTE.

Ne lui répondez rien.

PODAGRAMBO.

Vous ne dites mot ? Doutez-vous du propos que je tiens ?

AIR. *Réveillez-vous belle endormie.*

De mon esprit le feu rapide,
Ne prend point sur le sentiment ;
Votre silence m'est perfide,
Car je vous aime étonnamment.

Permettez.....

ZIRPHILE.

Laissez-moi là.

NINETTE.

Doucement, Seigneur, plus de retenue, vous la fâcheriez.

PODAGRAMBO.

A d'autres !

AIR. *Mon honneur alloit faire naufrage.*

En amour quand mon bonheur m'appelle ;
A l'instant je cours le grand galop ;
On obtient mieux son pardon d'une belle,
Qand on n'est pas assez sage avec elle,
Que quand on l'est trop.

NINETTE.

Songez que c'est une fille que j'ai élevée.

PODAGRAMBO.

Eh ! mais vous l'avez élevée très-mal, très-mal ; elle est plus farouche qu'une Bourgeoise ; cela est pitoyable ! Je veux en faire quelque chose, moi ; venez, maman.

ZIRPHILE.

Voulez-vous bien finir ?

NINETTE.

Donnez-vous patience, Seigneur.

AIR. *De la Chercheuse d'Esprit. A présent je ne dois plus feindre.*

Lorsqu'une trop vive lumiere,
Frape à l'imprévû la paupiere,
On ne diftingue aucun objet ;
Devant vous Zirphile interdite,
Vient d'éprouver le même effet,
Par l'éclat de votre mérite.

Laiffez-lui le tems de revenir à elle-même, &
donnez-moi le bras jufqu'à mon appartement.

PODAGRAMBO.

Soit. Sans adieu petite cruelle.

SCENE III.

ZIRPHILE, ACAJOU.

ZIRPHILE.

MA bonne a bien fait de l'emmener ; il augmentoit mon ennui.

ACAJOU, *que l'on ne voit point.*

AIR. *Pour voir un peu comment ça fra.*

Hélas !

ZIRPHILE.

Mon cœur eft tout ému,
J'entens une voix qui foupire.

ACAJOU, (*fans être vû.*)

Hélas !

ZIRPHILE.

Par un charme inconnu
Elle me trouble , elle m'attire ,
Répondons-lui fur ce ton là ,
Pour voir un peu comment ça fra.

AIR. *Oh ! oh , ah , ah.*

Hélas ... Ciel je découvre
A travers ce Taillis ....
La palliffade s'ouvre ,
Tous mes fens font furpris.

ACAJOU, (*paroiffant*)

Oh , oh.

ZIRPHILE,

Ah , ah.

Enfemble.

Ac. Ah. l'aimable objet que voilà !
Zir. Le-beau jeune homme que voilà!

ACAJOU.

AIR. *Je fens un certain je ne fçai quoi.*

Abordons-la.

ZIRPHILE.

Monfieur.

ACAJOU,

Je !

ZIRPHILE.

Oui.

ACAJOU.

Je ne puis lui rien dire !

ZIRPHILE,

Le cœur me bat.

ACAJOU.

Ciel ! parlons-lui,
Qu'elle a fur moi d'empire !

ACAJOU,

ZIRPHILE.

En le voyant mon ennui cesse,
Quel changement se fait en moi ;
Je sens un certain je ne sçai qu'est-ce.

ACAJOU.

Je sens un certain je ne sçai quoi.

ZIRPHILE.

Qui êtes-vous beau garçon ?

ACAJOU.

Je m'appelle Acajou, & vous ?

ZIRPHILE.

Zirphile.

ACAJOU.

Zirphile ! Quoi vous êtes cette Zirphile. . . . que
je sens de plaisir à vous voir !

ZIRPHILE.

Eh moi . . . Oh je suis si aise que . . . que je ne
sçaurois lui répondre.

ACAJOU.

Qu'elle est charmante ?

AIR. *Comme vla qu'est fait.*
Ces fleurs qui parent la nature
Palissent près de cet objet,
Le Ciel dont la lumiere est pure
M'offre un spectacle moins parfait ;
Mon ame vole & l'environne
Par l'effet d'un pouvoir secret.
Quel teint ! quelle bouche mignone !
Quels yeux ! mais quel nouvel attrait !
Comme vla qu'est fait. (*bis*)

ZIRPHILE.

Vous me trouvez donc belle ?

ACAJOU.

Ah rien n'est si beau dans l'Univers, j'en crois
plus mon cœur, que les discours d'Harpagine.

ZIRPHILE.

Seriez-vous le joli Prince que l'on dit qu'elle tient renfermé , vous ne retournerez plus chez elle , n'est-ce pas ?

ACAJOU.

Je veux toujours rester avec vous , si vous me le permettez.

ZIRPHILE.

Oh , oui ! qu'il est beau ! Ecoutez : de crainte que cette vilaine Fée ne vous renferme encore , je vous cacherai quelque part , & je vous nourrirai sans qu'on le sçache , de bon bons & de confitures.

ACAJOU.

C'est bien dit.

ZIRPHILE.

La Fée Ninette m'a dit, de me défier de tous les Messieurs , parce qu'ils veulent me faire des malices , mais sûrement vous êtes excepté ; car je sens bien que vous ne pouvez me faire que du plaisir.

ACAJOU.

Du plaisir !

ZIRPHILE.

Elle m'a dit encore que l'on ne me fait des politesses que pour voler mon serin , mais je ne m'en soucie plus , si vous le voulez , je vous le donnerai.

ACAJOU.

Plus je l'entens , & plus mon cœur.....

ZIRPHILE.

Comment vous êtes-vous échappé du Palais de la méchante Harpagine ?

ACAJOU.

Je n'en pouvois sortir que je n'eusse senti de l'amour ; je vous ai vû à travers ce feuillage , un trait

de flamme m'a pénétré, la palissade s'est ouverte
d'elle-même, c'est à vous que je dois ma liberté,
le trouble qui m'agite est sans doute de l'amour.

ZIRPHILE.

Je sens donc aussi de l'amour, moi?

ACAJOU.

Quoi, vous m'aimez!

ZIRPHILE.

Si le désordre de nos sens s'appelle de l'amour,
oui, Acajou, je vous aime, je vous aime, & puis
encore.

ACAJOU.

Je trouve enfin cette félicité que mon cœur m'an-
nonçoit sans la connoître.

AIR. *Ah! mon mal ne vient que d'aimer.*

Incessamment je soupirois,
Après un bien que j'ignorois.

ZIRPHILE.

J'avois de même du souci,
Sans en sçavoir la cause,
Hélas il me manquoit aussi
Comme à vous quelque chose.

AIR. *Dans votre joli corbillon qu'y met-on.*

Il faudra toujours être ensemble,
Pour nous amuser tous les deux,
Nous jouerons à de petits jeux,
Oui, c'est bien dit, que vous en semble?

ACAJOU.

Je veux ma chere,
Ce qui peut vous plaire.

ZIRPHILE.

Sur ce verd gazon,
Il faut jouer au corbillon,

Qu'y met - on.

Donnez-moi la main.

ACAJOU.

AIR. *Voyez-vous.*

Je voudrois fur ces jolis doigts,
Prendre un baifer ma mie.

ZIRPHILE.

Prenez-en deux , prenez-en trois,
Contentez votre envie ,
Voyez-vous.

ACAJOU.

Rien n'eft fi doux.
Je crois , dans la vie ,
Que mon ame eft ravie.

ZIRPHILE.

Quelle nouvelle émotion développe mes fentimens , une foule d'idées fe préfente à mon efprit,
je ne fuis plus la même.

ACAJOU.

Ma chere Zirphile !

ZIRPHILE.

AIR. *Eft-il de plus douces odeurs.*

Mon cœur s'anime à tes accens ,
Un Dieu s'en rend le maître ;
Quel cahos offufquoit mes fens ,
Avant de te connoître :
Le jour n'avoit point lui pour moi,
C'eft toi qui me fait naître.

ACAJOU.

Je fens auffi... je fens en moi,
Ah ! je prends un nouvel être.

ACAJOU,

A l'ombre de ce verd bocage,

Quelle volupté fait éclore
Dans mon cœur un ardent défir,
Un autre lui fuccede encore,
Et m'annonce un nouveau plaifir;
Qu'un doux baifer, ah ! je t'adore;
J'ai fenti nos ames s'unir ;
Viens, redouble, que l'on ignore,
Qui de nous deux pouffe un foupir.

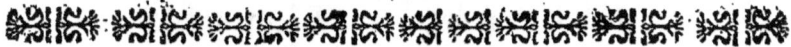

SCENE IV.

PODAGRAMBO, ZIRPHILE, ACAJOU.

PODAGRAMBO.

QUe vois-je ! Acajou & Zirphile ; courons aver-
tir Harpagine.

SCENE V.

ACAJOU, ZIRPHILE.

ZIRPHILE.

MOn cher Acajou, croyez-vous que nous puif-
fions nous aimer encore davantage ?

ACAJOU.

Cela pourroit bien être, chaque moment aug-
mente mon amour & mes défirs.

ZIRPHILE.

Pourquoi avons-nous tant de plaifir d'être enfemble ?   ACAJOU.

AIR. *Sortez de vos retraites*

Le Dieu qui nous enflamme,
Ne me donnât, je croi,
Que la moitié d'une ame,
Et l'autre étoit pour toi;
Toujours chaque partie
Cherchoit ses premiers nœuds;
Cette ame réunie,
Nous rend égaux aux Dieux.

ZIRPHILE.

Je le crois comme vous (*appercevant Harpagine*)
Ah!

ACAJOU.

O Ciel!

SCENE V.

HARPAGINE, ACAJOU,

HARPAGINE.

ARrêtez. Comment avez-vous pû sortir?
ACAJOU.
Ah, Madame, j'ai vû Zirphile, mais ce n'est pas
ma faute; pourquoi n'avez-vous pas fermé vos jar-
dins d'un mur au lieu d'une palissade?
HARPAGINE.
Il a raison, je reconnois ma sotise, suivez-moi.
ACAJOU.
Non, s'il vous plaît, je resterai avec Zirphile.
HARPAGINE.
Je perds par mon imprudence le pouvoir que j'a-

C

vois fur lui; que ferez-vous avec une petite fotte
comme Zirphile ?

ACAJOU.

Elle a tout l'efprit du monde, elle m'aime.

AIR. *Quelle flamme brûle mon ame.*

Lorfqu'on aime,
Dès l'inftant même
L'efprit naît du fentiment,
Dans notre ame
Un trait de flamme,
Fait briller un jour plus charmant.

HARPAGINE.

Vous l'aimez donc auffi ?

ACAJOU.

Ce n'eft pas encore ma faute, elle eft fi belle !

HARPAGINE.

Vous la préferez à moi, qui vous aurois élevé
au deffus de la nature, tous les mortels auroient
fléchi devant vous.

ACAJOU.

AIR. *L'occafion fait le larron.*

Ces vains honneurs n'offrent rien qu'impofture,
Zirphile eft tout, je voudrois en l'aimant
Eftre ignoré de toute la nature,
Et connu d'elle feulement.

HARPAGINE.

Je fuffoque de rage.

ACAJOU.

Cela vous fâche.

HARPAGINE.

Ne craignez rien, mon ami, je fais un généreux
effort, vous m'êtes cher malgré votre ingratitude,
je vais immoler mon repos au vôtre, en vous unif-

fant moi-même à Zirphile pour faire votre b

ACAJOU.

Tout de bon.

HARPAGINE.

Oui, je vous le jure, mais il faut me prouver que vous êtes aimé de Zirphile; fans cela Ninette n'y confentiroit pas.

ACAJOU.

Zirphile m'aime, vous dis-je, elle me l'a dit, & de plus...

AIR. *Bacchus difoit :*

Quand mes regards exprimoient ma tendreffe,
Les fiens plus doux s'expliquoient encor mieux;
En ma faveur Zirphile s'intereffe;
J'ai vû fon cœur tout entier dans fes yeux.

AIR. *Tant de valeur & tant de charmes.*

La bouche la plus éloquente
Eft moins fertile en fentimens ;
Mon ame dans fes yeux charmans,
Puife une yvreffe qui m'enchante.

HARPAGINE.

Cela ne fuffit pas, je croirai qu'elle vous aime fi vous m'apportez fon anneau, je ne puis vous fervir qu'à cette condition, je vais me tenir à l'écart, allez la rejoindre : dès que vous aurez l'anneau, appellez-moi.

★★★★★★★★★★★★★★★★★★★★★★★★★★★★★★★★★★★★

SCENE VI.

ZIRPHILE, ACAJOU.

ACAJOU.

Zirphile, Zirphile.

ZIRPHILE.

Eft-elle partie?

ACAJOU.

Ne craignez plus rien, Harpagine ne s'oppofe point à nos défirs.

ZIRPHILE.

Eft-il poffible !

ACAJOU.

Elle veut faire elle-même notre bonheur, fi vous y confentez.

ZIRPHILE.

Si j'y confens ! en doutez-vous ?

ACAJOU.

AIR. *Le vieux Docteur Blaife.*

De votre tendreffe
Donnez-moi ma chere maîtreffe ;
Un gage nouveau.

ZIRPHILE.

Quel gage nouveau ?

ACAJOU.

Helas ! c'eft votre anneau.

ZIRPHILE.

Que je vous le donne ,
O Ciel ! que me diroit ma bonne ?

Il fait mon bonheur,
Je perdrois l'honneur,
Mes attraits, votre cœur.

ACAJOU.

Quand on s'aime bien,
On ne refuſe rien,
Que craignez-vous tant,
Je le veux un inſtant,
Auſſi-tôt je vous le rend,
L'amour en eſt garant.

ZIRPHILE.

Dieux quel embarras !

ACAJOU.

Vous ne m'aimez pas.

ZIRPHILE.

Mon trouble
Redouble,
Que faire hélas !
Non, non.

ACAJOU.

Point d'excuſe,
Quoi Zirphile me le refuſe ?
Je m'en vais mourir.

ZIRPHILE.

Tu me fait fremir !
Attend, mais....
Quel déſir !

ACAJOU.

Quelle crainte extrême,
Vous allarme quand je vous aime.

ZIRPHILE.

Il m'arrivera,
Tout ce qu'il pourra,
Tu le veux, le voilà.

C iij

ACAJOU.

AIR. *A ta mere à préfent.*

O Dieux quelle douceur !

ZIRPHILE.

Qu'en allez vous faire ?

ACAJOU.

Il va combler mon bonheur.
Au gré de nos défirs ;
Nous ferons, ma chere,
Toujours au fein des plaifirs.

ZIRPHILE.

J'oublie en vous voyant tous les dangers dont on
m'a ménacée, fi je donnois mon anneau ; je ne crains
plus que pour vous.

ACAJOU.

AIR. *Le Savetier matineux.*

Sur le fort le plus affreux
Mon ame refte tranquille ;
Qu'ai-je à craindre de fâcheux,
Je fuis aimé de Zirphile. (*bis.*)

SCENE VII.

HARPAGINE, ACAJOU, ZIRPHILE.

ACAJOU.

APprochez, Madame, voilà la preuve & le gage de fon amour pour moi.

HARPAGINE.

Voyons. Je fuis fatisfaite, tremblez malheureux,
vous êtes deux victimes dévouées à toute ma colere.

AIR. *De mon pot je vous en répond.*

Puisqu'un autre obtient ton cœur,
Ingrat frémis d'horreur ;
Crains tout de ma fureur extrême,
Je vais remettre à l'instant même,
Au pouvoir de Podagrambo,
Zirphile & son anneau.

SCENE VIII.

ACAJOU.

AIR. *Le bonheur de ma vie.*

O Trop funeste sort !
Ma tendresse est trahie !
Vient me donner la mort,
O barbare ennemie :
Zirphile m'est ravie,
Je retombe au néant,
Mon bonheur & ma vie
N'ont duré qu'un instant.

SCENE IX.

NINETTE, ACAJOU.

NINETTE.

OH moment favorable !
C'est l'amour

Qui le conduit à ma Cour ;
Eh bon jour Prince aimable ,
Que depuis long-tems
J'attends ,
Ici pour vous s'apprête ,
Un himen qui va remplir
Votre défir :
J'ai commandé la fête ,
Livrez-vous au plaifir.

J'ai découvert par mon art que vous vous affran-
chiriez aujourd'hui du pouvoir d'Harpagine , que
vous verriez Zirphile, que vous l'aimeriez , qu'elle
vous aimeroit , en un mot que vous vous convien-
driez tous deux.

Air. *J'étois perdue.*

Mais , quoi vous ne répondez pas ,
L'accueil eft fauvage ;
Je ne vois point Zirphile.

A C A J O U.
Helas !

N I N E T T E.

Quel affreux préfage !
Je la cherche en vain des yeux ;
Qu'eft-elle devenue ?
Elle n'eft point en ces lieux ,

A C A J O U.
Elle eft , elle eft perdue.

AIR. *Du pain, de l'eau, elle vit.*

La fureur de moi s'empare.

NINETTE.

Que lui vient-il d'arriver ?

ACAJOU.

Harpagine, la barbare !

NINETTE.

Hé bien !

ACAJOU.

Vient de l'enlever,
Je me trouble, je m'égare.

NINETTE.

Arrêtez, cher Acajou,
Le bon sens est déja rare,
N'allez pas devenir fou.

Je vois la cause de vos malheurs, Zirphile a eu
l'imprudence de vous donner l'anneau, qui la garan-
tissoit de tous les revers, mais le mal est fait, il s'a-
git d'y trouver un prompt remede, attendez, je vais
mettre mes lunettes ; ô Dieux ! Podagrambo & Zirphile.

ACAJOU.

Air.

Ah ! quel malheur, tout est perdu !
Je meurs, dépêchez-vous, Madame,
Je crains que l'objet de ma flamme,
Trop tard me soit rendu.

NINETTE.

Remettez vous par le pouvoir des Fées, sans que
votre maîtresse ait perdu la vie, sa tête est montée
dans la Lune.

ACAJOU.

Dans la Lune !
NINETTE.
Oui , & fon corps fe promene dans les jardins de Podagrambo.

ACAJOU.
Mais Madame, vous vous mocquez , mon rival n'eft point à plaindre, s'il alloit époufer ce qui lui refte.

NINETTE.
Ne vous allarmez point, il ne peut en approcher qu'il ne foit poffeffeur de la tête, il va la chercher dans la Lune, il faut que vous le preveniez.

ACAJOU.
Eh ! comment voulez-vous que je parvienne à la Lune, moi ?

NINETTE.
Je vous éleverai d'un coup de baguette au-deffus de la moyenne région, & comme les têtes d'amoureux ont un rapport intime avec la Lune, cet aftre vous attirera auffi par une attraction naturelle.

ACAJOU.
Et pour revenir.

NINETTE.
Vous defcendrez avec les influences : que cela ne vous inquiéte pas, ne fongez qu'à réuffir.

ACAJOU.
Quel en eft le moyen.

NINETTE.
Prenez cette bequille , celui qui la porte ne fait point de fauffes démarches , ces lunettes vous éclairciront le jugement , & vous empêcheront d'être reconnu de Podagrambo : attendez ne les mettez pas

encore, vous feriez trop raifonnable pour arriver
à la Lune, fuivez-moi.

ACTE III.

Le Théatre change & repréfente un bofquet de la Lune.

SCENE I.

La tête de Zirphile fur un Buiffon de Rofes.

AIR. *Je crois Lifon.*

CHer fouvenir,
  Non, je ne puis te bannir,
  L'amour alloit m'unir
  Au beau Prince que j'aime;
    Tout le bonheur
  Dont il ennivroit mon cœur
    Paffe de même
  Qu'un fonge vain & flateur.

AIR. *Que je regrette mon Amant.*

Que je regrette mon Amant,
Quoiqu'il caufe mon infortune,
Pour avoir aimé tendrement,
Voilà ma tête dans la Lune.
Si chaque fille eft dans ce cas,
Les têtes font rares là bas.

AIR. *Sans le fçavoir.*

Un charme affreux ici m'arrête,
Il ne me refte que la tête,
  Quel arrangement puis-je avoir;
Podagrambo du refte eft maître,
Et je détefte fon pouvoir,
Je réponds à fes feux peut-être,
  Sans le fçavoir.

SCENE II.

ACAJOU. en Vieillard, LA TESTE DE ZIRPHILE.

ACAJOU, sans être vû.

AIR. Oh Pierre, oh Pierre.

MA peine est inutile,
Et je cours comme un fou,
Zirphile, ma Zirphile.

LA TESTE DE ZIRPHILE.

C'est la voix d'Acajou.

ACAJOU, (sans être vû.)

Zirphile, Zirphile,

LA TESTE.

Oui, j'entends Acajou.

ACAJOU, paroissant.

Serai-je toujours assailli de têtes folles, sans trouver celle que je cherche, je parcours en vain tous les bosquets de la Lune, Podagrambo m'aura prévenu : malheureux Acajou !

LA TESTE.

AIR. Trois Enfans gueux.

Jettez les yeux sur ce buisson de fleurs.

ACAJOU.

Que vois-je, hélas ! c'est Zirphile elle-même.

LA TESTE.

C'est Acajou qui vient sécher mes pleurs,
Je vois encor le cher Amant que j'aime.

Par quel hazard êtes-vous aussi dans la Lune

ACAJOU.

La Fée Ninette vient de m'y tranfporter pour vous procurer la liberté.

LA TESTE.

Eh! dites-moi de grace, pourriez-vous m'apprendre des nouvelles de moi.

ACAJOU.

Comment des nouvelles de vous?

LA TESTE.

Oui.

AIR. *C'eft une excufe.*

Mon corps eft refté feul là bas,
Et j'ai tout lieu de craindre hélas!
  Quelque maligne rufe ;
S'il fait par malheur des faux pas,
Ma tête ne le conduit pas,
  C'eft une excufe.

ACAJOU.

Tranquillifez-vous, il eft fous la garde de ées, je viens chercher cette tête charmante pour l'y réunir. Mais hâtons-nous de prévenir Podagrambo, car il a le même deffein.

LA TESTE.

Arrêtez ce Génie.....

ACAJOU.

Ne l'appréhendez point, il ne pourra me reconnoître fous ce déguifement, dès que je mettrai ces lunettes que la bonne Fée ma données.

AIR. *Nous fommes Précepteurs d'amour.*

Venez volez entre mes bras.

LA TESTE.

Je ne puis, un charme m'arrête,
Sans mon anneau, l'on ne peut pas

Se rendre maître de ma tête.

A C A J O U.

Comment, je n'y pourrai réussir si je n'ai votre anneau ?

L A T E S T E.

Non, & le vilain Génie le possede.

A C A J O U.

suis   au désespoir.

L A T E S T E.

Le voilà pour comble de malheur.

A C A J O U.

Cachez-vous un moment dans ce buisson, l'amour m'inspire une idée.

***

S C E N E III.

P O D A G R A M B O, A C A J O U.

P O D A G R A M B O (*avec un trébuchet.*)

PEtite, petite, petite, voilà une tête femelle qui me fait voir bien du pays. Petite, petite, rien ne paroît [*appercevant Acajou*] enseignez-moi ce que je cherche.

A C A J O U.

Que cherchez-vous, vous ne pouvez mieux vous adresser qu'à moi, je suis habitant de ces lieux: c'est ici le magasin des choses perduës, & j'en ai l'Intendance.

P O D A G R A M B O.

Tant mieux, vous pourriez m'être utile.

ACAJOU.

Les Animaux, les végétaux, tous les Etres que vous voyez dans la Lune font des chofes évaporées de votre monde, qui prennent ici des formes caractérifées.

PODAGRAMBO.

Ah ! ah !

ACAJOU.

Par exemple : l'efprit étourdi des petits-Maîtres voltige dans la Lune fous la figure des Hannetons & des Papillons.

A I R. *Dans le fond d'une écurie.*

Ici l'efprit des Coquettes
Par l'intérêt animé ,
En Abeille transformé ,
Vit du tribut des fleurettes ;
Et du lys au jaffemin ,
Vole & fuce fon butin.

PODAGRAMBO.

Eh ! Qu'eft-ce que c'eft que cette foule d'oifeaux dont ces bofquets font remplis ?

ACAJOU.

Vaud. *De la Parodie de Roland.*

La vertu legere des belles ,
Ici paroît avec des aîles.

PODAGRAMBO.

Quel cas nouveau !

A C A J O U.

Toujours par quelque moyen drôle ;
Dans la Lune l'honneur s'envole
Comme un Oiseau.

Nous en avons ici de toutes les especes.

A I R. *L'amour n'est pas un Oiseau.*

On en voit dans ce boccage
De petits foibles encore,
Beaucoup même ont pris l'essor
Avant d'avoir leur plumage.

P O D A G R A M B O.

Ce n'est pas tout cela que je cherche : c'est la tête
de ma maîtresse.

A C A J O U.

Les têtes d'amoureux aiment la solitude , vous la
trouverez peut-être dans ce boccage.

P O D A G R A M B O.

Gramercy , je vais y tendre mon trébuchet.

A C A J O U.

Ah ! ah, ah , vous voulez prendre les filles au trébuchet : ce sont elles qui nous y prennent , laissez-
moi faire , je l'attrapperai moi , il y a cinquante ans
que je fais la chasse à ces oiseaux.

P O D A G R A M B O.

Eh ! comment pourrez-vous attraper la tête legere d'une jeune fille de quinze ans , vous êtes si vieux.

A C A J O U.

C'est à cause de cela que j'y réussirai.

L'innocence est craintive ;
Et les jeunes tendrons ,
Sont sur la défensive ,
A l'aspect des garçons
Galants ;

Trop

Trop pétulens,
Vous manquez leur défaite ;
Par trop d'ardeur
On leur
Fait peur ;
Mais un Vieillard
Gaillard
A l'art
D'attraper une fillette ;
Et cela sans courir.

PODAGRAMBO.

De quelle maniere ?

ACAJOU.

On se sert d'appeaux, on attire la tête d'une jeune fille par la curiosité, la louange, la médisance &
les contes frivoles, vous allez voir ; comment se
nomme votre maîtresse ?

PODAGRAMBO.

Zirphile.

ACAJOU.

A I R. *Ah ! vraiment je m'y connois bien.*
Venez adorable Zirphile,
Venez embellir cet azile,
Par l'éclat de vos yeux vainqueurs ;
Vous allez enflamer nos cœurs.

PODAGRAMBO.

Oh ! oh, la voilà, vous avez raison, je vais la
prendre pendant que vous l'amuserez.

ACAJOU.

Non, je la prendrai mieux que vous, parce que
j'ai plus d'expérience, & vous l'amuserez mieux que
moi, parce que je m'apperçois que vous avez plus
d'esprit.

PODAGRAMBO.

Cela n'est pas étonnant, je suis un Génie.

D

ACAJOU.

Je vais donc......

PODAGRAMBO.

Attendez, attendez, ah! ah, ah, avec toute votre expérience, vous ne favez pas que l'on ne peut avoir la tête de ma maîtreffe fans cet anneau, tenez le voilà, prenez-la fubtilement pendant que je vais faire un conte. Je vais m'affeoir pour reciter plus à mon aife.

AIR. *Voyelles anciennes.*
Il étoit une fois un Roi,
Et puis il étoit une Reine,
La Reine un jour difoit au Roi,
Et le Roi difoit à la Reine,
La Reine un jour difoit au Roi,
Et le Roi difoit à la Reine.

(*il s'endort.*)

SCENE IV.

HARPAGINE, PODAGRAMBO.

HARPAGINE.

JE crains que le Génie ne faffe quelque nouvelle étourderie : fuivons-le dans fon entreprife.

PODAGRAMBO, *continue.*
La Reine un jour difoit au Roi,
Et le Roi difoit à la Reine.

HARPAGINE.

Comment il dort, que faites-vous donc là Seigneur?

PODAGRAMBO.

Paix, chut, je fais un conte pour endormir la tête de Zirphile.

HARPAGINE.

Qu'eſt-ce que cela veut dire ?

PODAGRAMBO.

Point de bruit, on va la prendre tout doucement pendant que je l'amuſe; je viens de donner l'anneau à un Habitant de la Lune qui fait ſon métier d'attraper des têtes. Ah! ah, ah.

HARPAGINE.

Qu'avez-vous fait, tout eſt perdu.

SCENE V. & derniere.

NINETTE, ACAJOU, ZIRPHILE, PODAGRAMBO, HARPAGINE.

NINETTE.

Venez tendres Amans, venez triompher de leurs complots ; & vous perfides diſparoiſſez, que leur union faſſe votre ſupplice ; le ſot Génie a donné lui-même à ſon rival l'anneau qui aſſure pour jamais leur bonheur, & détruit votre puiſſance, vous êtes tous deux les victimes de votre propre malice, les ſots & les méchans n'ont point de plus grands ennemis qu'eux-mêmes. (*ils s'abiment.*)

ACAJOU.

AIR. *Ainſi qu'une Hirondelle.*

D'un ſort digne d'envie,

ACAJOU,

Les Dieux me font jouir.

ZIRPHILE.

Aux Dieux je dois la vie,
A toi tout mon plaisir.
Oui je dois moins encore
Aux Dieux qu'à mon Amant;
C'est lui qui fait éclore
En moi le sentiment.

NINETTE.

Les Nains mes Sujets ont préparé une mascara-
de : je vais les transporter ici d'un coup de baguette
avec tout mon Palais.

FIN.

www.ingramcontent.com/pod-product-compliance
Lightning Source LLC
LaVergne TN
LVHW022154080426

835511LV00008B/1391